先輩が教える保育のヒント40

運動会
生活発表会
作品展

グループこんぺいと編著

黎明書房

はじめに

先輩が教える保育のヒント
運動会・生活発表会・作品展 40
をお届けします。

この本では、

- 毎日の保育を行事につなげるコツは？
- 行事の準備は、いつもの保育にどんなふうに行事のエッセンスを加えたらいい？
- 行事を成功させる秘訣は？

などの点について、先輩保育者が具体的に答えます。

まずは、年度始めから行事までのカリキュラムに、この本で紹介する先輩からの保育のヒントを取り込んで、計画を立ててみてください。

計画を立てたら、子どもたちと実行。とにかくやってみることです。そして、忘れずに記録をつけます。

次に、その記録をもとに、うまくいったこと、いかなかったことの理由や原因を分析して、別の行事や次年度の行事に生かしていきましょう。

「行事は子どもたちのためにある」ことを意識し、毎日の保育を積み重ねていくと、いつの日かきっと、保育者自身も行事を心から楽しめるようになります。

CONTENTS

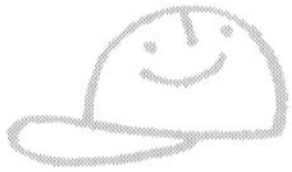

CONTENTS

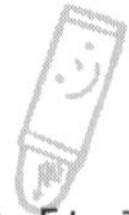

第1章 子どもが主役の運動会

運動会は、
ふだんの保育の延長。
特別なイベントとして
とらえないこと。
１年の保育すべてが、
運動会の練習だと考えよう。

運動会とは、子どもたちに、達成感を味わわせたり、保護者に日々の保育の成果や子どもの成長を実感していただき、自分の子どもの将来への展望をもっていただくための行事です。そのためには、運動会をふだんの保育と切り離された特別なイベントとしてとらえないことが大切です。

hint 1 練習は4月から、ゆっくり始めよう。

ふだんの保育の延長線上に運動会があると考え、1年をかけてゆっくりと準備をすすめていきます。運動会の本番が秋だとしても、練習は4月から始めましょう。いきなり「練習」という言葉は使わずに、運動会に必要な動きや運動をあそびの中に取り入れていくことから始めます。

運動会までの鉄棒のカリキュラム

	4月	5月	6月	7月	8月	9月	10月
3歳児	ぶら下がる	自転車こぎ	ブタの丸焼き	腕支持	布団干し	飛びつき（自転車こぎ）	前回り
4歳児	飛び降り・飛びつき	こんにちは打ち	飛びつき（横移動）		はしご逆上がり（腕を伸ばして）		
5歳児	腰・踏み切りの足の位置確認		逆上がり（順手）			逆上がり（逆手）	

こんなふうにしてみよう

きちんと座ったり、並んだり。これも運動会の練習。

自分の出番になるまで座って待つ、並んで場所を移動するなども、運動会までに身につけておきたい大切なこと。1学期から、ホールでの集会のときは体操座りをする、園庭に出る前には室内で並ぶ練習をするなど、ふだんから保育の中に組み入れていきます。

競技に取り入れたい動きは、あそびの中で獲得していこう。

もう1段
高くして
みようか。

なわとびや跳び箱などを短期間で練習しようとすると、苦手な子は、つらい印象をもってしまい、楽しくなくなります。運動会で披露したいと思う動きは、ふだんからあそびの中でゆっくり取り組み、達成感が感じられるようにしましょう。

夏ごろから、クラスごとの見せ合いっこをしよう。

運動会がふだんと違うのは、保護者や友だちなどの「観客」がいること。子どもによっては緊張しすぎて、いつもの力が発揮できないことも。

種目が決まり、運動会に向けての「練習」が始まる夏ごろから、ほかのクラスと練習を見せ合って、運動会の雰囲気に慣れておくことも大切です。

お隣のクラス、
がんばってるわね。
わたしたちも
がんばろう。

hint 2 保護者と一緒に子どもの成長を見つけよう。

運動会の意義のひとつが「去年できなかったことが今年はできた！」と、子どもの成長を、保護者や保育者、そして子ども自身が実感すること。毎年１回、「運動会」を経験することで、見えてくるものがあるはずです。

個人記録を見て、
振り返ろう！
2歳のときは…
3歳

こんなふうにしてみよう

子どもが成長した姿を、具体的な言葉で伝える。

保護者はつい、ダンスがそろっているとか、競争の結果などに目がいってしまうもの。「今年は恥ずかしがらずに、顔を上げて踊っていました」「並ぶ順番をまちがえたお友だちに気づいて、やさしく目で合図してあげていました」など、保育者ならではの視点で発見した、子どもの成長を保護者に伝えましょう。

これからの子どもの姿も伝え、子育ての励みにしてもらおう。

とくに子育てが初めての保護者は、子どもがどのようなステップを踏んで成長していくのかがわからないものです。

運動会という場で、それぞれの年齢の子どもが活躍している姿を保護者に見てもらうことで、「何年後かには、うちの子もこんなことができるようになるのね」と、子育ての励みにしてもらうことができます。

hint 3 大好きな人に認めてもらう喜びが子どもを育てる。

保護者や保育者など、自分が大好きな人が見ていてくれる。「すてきだよ」「がんばったね」と認めてくれる。子どもには、それが「ちょっと難しいけれど、がんばってやってみよう！」というエネルギーになるのです。

こんなふうにしてみよう

競技の最中は、子どもの視線を見逃さずキャッチ！

競技中、子どもが「どう？」とばかりに誇らしげにこちらに視線を向けたとき。「これでいいの？」と不安げな視線を向けたとき。「すてきだよ」「大丈夫だよ」と目で応えてあげれば、子どもは安心します。

そのためにも、ふだんから「お話を聞くときは相手の目を見ようね」「しっかりと目を見て話そうね」と、アイコンタクトを大切にする習慣をつけておくことが大事です。

保護者の胸にゴール！　意欲がわく演出を。

年齢の小さい子に限らず、かけっこや障害物競走などの競技では、ゴールで保護者に待っていてもらうのもよいでしょう。抱きとめてもらう演出は、子どもたちの競技への意欲を刺激します。

hint 4 あくまでも、主役は子ども。保育者は控えめに。

運動会は、保育者にとっても、自分の保育を披露する晴れの舞台です。中には、張り切りすぎてしまう保育者も。

でも、運動会の主役は、あくまでも子どもです。保育者が前に出すぎないよう心がけましょう。

こんなふうにしてみよう

笛の多用は避けて。

ピッピッと笛で号令をかけ、子どもを並ばせたり、座らせたり。一見、きちんと統制が取れて見えますが、コミュニケーションを取るには、やはり声かけがいちばん。保護者から見ても、子どもが管理されているようで、あまり気持ちのよいものではありません。

もし慣例になっているなら、一度、会議などで話し合ってみては。

保護者席から子どもがよく見えるように、保育者の立ち位置を工夫。

とくに年齢の小さいクラスの競技など、何人もの保育者が子どものそばについていなければならない場合があります。

でも、できるだけ子どもに任せ、必要のないときはすぐに後ろに下がりましょう。

子どもの姿がより目立つよう、保育者は意識して目立たない色を着る。

例えば、白いＴシャツに黒いパンツなどがおすすめ。保育者はＴシャツの色を統一したり、クラス別に色を変えたバンダナを巻くなど工夫すると、保護者との区別がつきやすく、便利です。

hint 5 それぞれの年齢の、発達段階に応じた種目を用意しよう。

種目を選ぶときは、歩く、走る、スキップ、片足ケンケンなど、その年齢ごとの発達段階に応じた動きを取り入れることを意識しましょう。体の発達だけでなく、年長児なら仲間と力を合わせて競う「リレー」に挑戦させるなど、精神面の発達も考慮しましょう。

ダンスには、それぞれどんな年齢に合った動きを取り入れているの？
2歳児はグーパー跳び。
3歳児はスキップが課題。
4歳児はギャロップをしています。
5歳児は3拍子を取ること。

こんなふうにしてみよう

子どもによって、レベルを変えられる工夫を。

チャレンジし、「できた！」ときに子どもは成長します。とくに、年長児の場合、あまり簡単な種目ばかりだと、子どもは達成感を得られません。

そこで、跳び箱やなわとびなど、少し難しい種目を用意します。その場合、どうしても苦手な子どもには、段を低く設定する、再チャレンジのチャンスを与えるなどの工夫をしましょう。

●3歳児

●5歳児

子どもが好きなあそび、人気のあそびを上手に取り入れて。

「発達段階に応じた動き」にこだわりすぎてしまうと、子どもにとっては、やらされているという感じになってしまうことも。

ときには、クラスの中ではやっているあそびの動きを取り入れてみるのもおもしろいでしょう。

hint 6 子どもの負担にならないよう、ふだんの保育時間に合わせたプログラムを。

運動会では、子どもにいつもの力を存分に発揮してもらうため、できるだけ子どもの負担にならないよう、ふだんの保育時間に合わせてプログラムを組み立てましょう。

年齢の小さいクラスほど、ふだんと違う時間帯で行動するのは難しく、機嫌や体調にまで影響を与えてしまいます。

プログラム

No.	種目	年齢	No.	種目	年齢
1	野外劇 三枚のお札	3～5歳児	11	体育あそび ここまでおいで	0歳児
2	始めの会①	0～2歳児	12	保護者ゲーム 綱引き	3～5歳児
	始めの会②	3～5歳児	13	体育活動 ♪一本橋わたろう	1歳児
3	リズム おひさまポカポカ	2歳児	14	体育活動 とんで♪ はずんで♪ 楽しくジャンプ	4歳児
4	走る ゴールを目指して一直線	2歳児	15	なわとび はずんで♪ とんで♪	5歳児
5	走る・リズム ●力いっぱいよ～い! ドン! ●ぶどう狩りに行こう	1歳児	16	リズム パーティー♪	5歳児
6	体育活動 わたって、とんで、大回転	3歳児	17	走る 体いっぱいに!	3歳児
7	逆上がり 地球を背中に	5歳児	18	ゲーム 玉入れ	1、2歳児 親子
8	跳び箱 大地をけって	5歳児	19	走る 風を切って走ろう!!	4歳児
9	体育活動 そ～っとわたって ピョンピョンジャンプ	2歳児	20	リレー バトンをつないで!	5歳児
10	リズム ♪とあそぼう	3、4歳児	21	終わりの会	3～5歳児

これなら
各学年が
ムリなく
できそう!

こんなふうにしてみよう

それぞれの年齢のベストな時間帯に出番が来るように。

年齢の小さいクラスは、ふだん外あそびの始まる時間に１回目の種目を配置するなど、細やかな配慮が必要です。10時前後にはいったん部屋に入っておやつを食べる、午後にかかってしまうようならお昼寝もさせるなど、ふだんの保育時間に合わせて休憩時間を上手に組み込みましょう。

年齢の小さいクラスは、連続登場もあり。

ひとつの種目ごとに中央に出て並んだり、終わったら席に戻ったり。それを何度も繰り返すのは、子どもにも保育者にも負担が大きいもの。1歳児くらいなら、リズム体操のあと、そのまま並んでかけっこを始めるなど、種目と種目をつなげてしまうのも一案です。

hint 7 子どもの応援席の位置は、動線に配慮しよう。

子どもの応援席は、わかりやすいことが第一。競技のたびに出たり戻ったりすることを考え、子どもの動線に無理がないように配置しましょう。

また、競技がよく見えて友だちの応援がしやすいこと、保護者の姿を探しやすいことなども大事なポイントです。

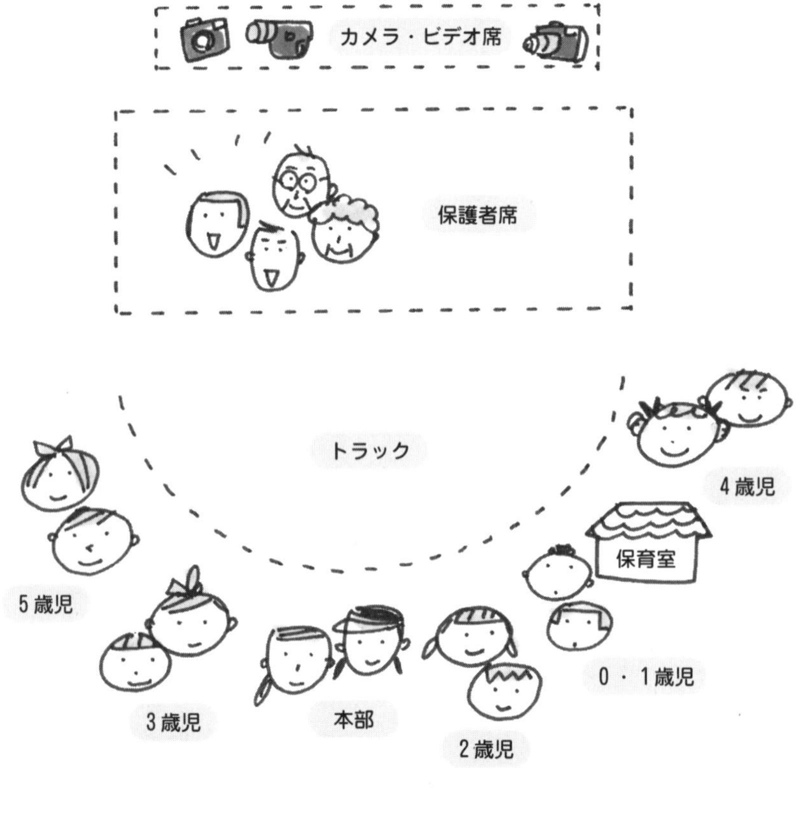

こんなふうにしてみよう

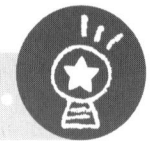

年齢の小さいクラスは、席からそのまま中央に。

年齢の小さいクラスの子どもを、競技のたびに集めたり並ばせたりするのは大変です。席からそのまま中央に出ていけるようにすると、子どもは楽ですし、保育者も指導しやすいでしょう。

年齢の小さいクラスは、お手洗いや休憩室の場所も考慮。

保育室、あるいは休憩室の近くに、年齢の小さいクラスの席を設けましょう。

hint 8 観客も一緒に楽しめるよう、工夫しよう。

自分の子どもの出番以外は、興味をなくしてしまう保護者もいます。出番をとびとびにする、保護者の出番を作る、思わず応援に熱が入るリレーを最後にもってくるなど、観客も一緒に楽しめるような見せ方、種目を工夫しましょう。

司会者は、保護者にも声かけを！

○○ちゃんのお父さん、すごいですね！
親4-4
子4-4

こんなふうにしてみよう

リズム体操やダンスは観客も巻き込んで。

リズム体操やダンスは、どの席から見ても正面になるようにしましょう。観客に向けてポーズをする、観客も巻き込む動きを取り入れるなど、観客を意識した構成にします。

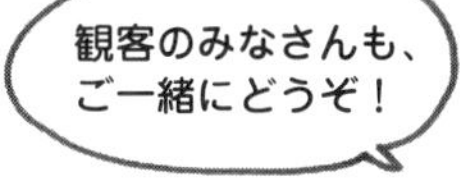

保護者参加型の種目を取り入れて。

子どもと保護者がペアで、あるいは保護者対子ども、保護者対保護者など、保護者が参加できるような種目を増やします。

hint 9 ときには「競う」こともあっていい。保護者にも理解してもらおう。

かけっこでも最後は手をつないでゴールさせるなど、子どもどうしを競わせることに慎重になっている園も多いようです。でも、あまり神経質にならないで。

「○○ちゃんみたいになりたい」というあこがれから始まり、「○○ちゃんに勝ちたい」「○○くんに負けたくない」と育っていく、子どもどうしが競い合う気持ちは、成長の大切な糧となります。

○○くん
みたいに、
なりたいなあ。

こんなふうにしてみよう

年齢に応じて「競う」種目を。

子どもに「競う」という気持ちが出てくるのは、一般に3歳の終わりごろから。そこで、例えば、2歳児クラスのかけっこでは、みんながゴールのテープをくぐれるようにしておき、3歳児以上のクラスでは1等の子どもだけがテープを切れるようにするなど、年齢に応じた工夫をしましょう。

悔し涙も成長の糧。「悔しかったね」と受け止めて。

中には、負けた悔しさで泣いてしまう子どももいます。そんなときは、まず「悔しかったね」「よくわかるよ」と気持ちを受け止め、そのうえで、「この次、がんばろうね」と前向きな気持ちにもっていきます。

保護者にも、できれば帰り際までにそのときの状況をくわしく伝えて、「これをきっかけに、○○ちゃんもすごく成長すると思いますよ」と理解していただくようにしましょう。

hint 10 ビデオ撮影はできるだけ制限。子どもの姿を生で見ていただく工夫を。

運動会と言えば、保護者の席取りとビデオ撮影。今では風物詩として語られることも多くなってしまいましたが、この風潮は考えもの。子どもの姿をファインダー越しにしか見ていないなんて、じつにもったいないことだと、保護者には伝えていきたいものです。

こんなふうにしてみよう

ビデオ席を設けて、撮影を制限。

自分の子どもの姿を追ってファインダーをのぞいてばかりでは、クラス全体の雰囲気ばかりか、子どもの友だちのようすも目に入りません。子どもが保護者に視線を向けたとき、目で応えてやれないのもさびしいことです。

これらの点を保護者によくお話しして、ビデオ撮影は控えめにしていただくようにしましょう。最後列のみビデオ席とするなど、ある程度制限してしまうのも効果的です。

保護者会やおたよりで、保護者に理解してもらおう。

ビデオ撮影にまつわる問題は、行事全般に関わってきます。ビデオ撮影をしていると、どうしても自分の子どもの姿だけを追ってしまいがち。でも、友だちのようす、クラスの雰囲気など、全体を見ることで、友だちとの関わり方や成長が見えてくるのです。

入園当初から折にふれ、保護者会やおたよりなどで、子どもの姿を生で見ることのすばらしさを伝えていきましょう。

hint 11 「子どものここを見てほしい」を保護者にしっかり伝えよう。

保護者にぜひ、本番を迎えるまでの子どものがんばりや、それを通しての心身の成長を実感していただきたいものです。そのためにも、運動会の前、競技の前に、「子どものここを見てほしい」を保護者にしっかり伝えましょう。

こんなふうにしてみよう

おたよりやプログラムに見どころを書く。

事前に、「今までの積み重ねが、表情や動きに表れてきます」と前置きをしたうえで、「鉄棒に真剣に向かう表情を見てください」「リズムに乗って、気持ちよさそうな顔を見てください」「友だちとの関わり、ほかのクラスとのつながりを見てください」など、見どころを具体的に伝えます。

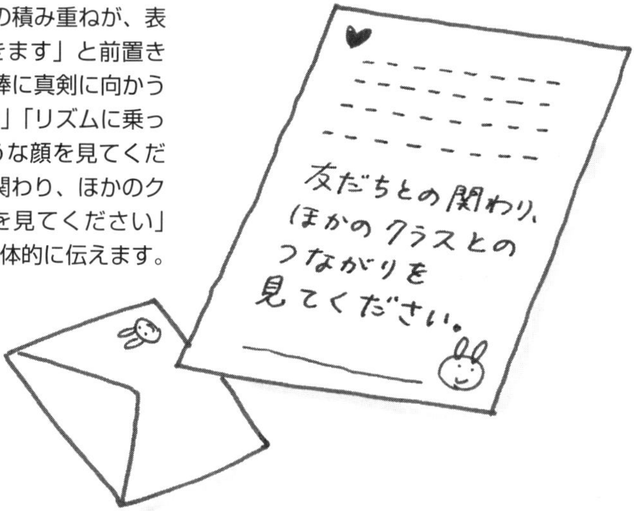

競技の前、最中に見どころをアナウンス。

競技の始まる前、その競技のための練習を重ねる中で、どんなところが大変だったか、どんなふうに乗り越えていったかなどをアナウンスします。競技の最中、終わったあとにも「今の表情、いいですね！」などと話して、注目してもらいましょう。

hint 12 招待状は子どもと一緒に作り、運動会に向けての気持ちを盛り上げよう。

初めて運動会を体験する子どもや、緊張しやすい子どもは、運動会が近づくと、不安を感じてしまうこともあります。「いつもどおりでいいんだよ」「失敗してもいいんだよ」と声をかけつつ、「お父さん、お母さんに見に来てもらおう」「運動会、楽しみだね」と、運動会に向けての気持ちを盛り上げていきましょう。

こんなふうにしてみよう

招待状作りは、子どもと一緒に。

子どもにとっていちばん嬉しいのは、大好きな保護者が見に来てくれること。表紙をかくなど、子どもにも招待状作りに参加してもらい、運動会を楽しみに待つ気持ちを育てましょう。

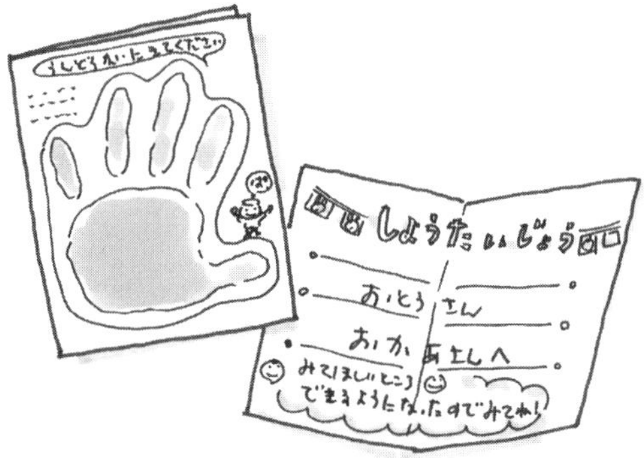

運動会の飾り付けも子どもたちの手で。

運動会の旗飾りや応援に使うグッズなども、子どもたちの手で作るとよいでしょう。運動があまり得意でない子どもが、活躍できる機会にもなります。

hint 13

体調管理は、保護者へふだん以上の協力をお願いしよう。

運動会は、子どもにとっても保護者にとっても、年に一度の大切なイベント。万が一にも体調を崩してお休み、などということがないようにしたいものです。

こんなふうにしてみよう

早寝・早起き・朝ごはんを徹底！

体調管理の基本は、早寝・早起き・朝ごはん。ふだんから、子どもにきちんとした生活習慣を身につけさせるよう、保護者に伝えていくのはもちろんですが、運動会の練習が本格的に始まる9月ごろからは、「朝ごはんを食べてきていないと、体が思うように動かず、楽しく練習に参加できない」など、「運動会のために」を強調しつつ、改めて体調管理の大切さを伝えましょう。

体調を崩して園を休みがちだと、練習にも参加できません。練習を通してクラスがまとまっていくこの時期、大切な育ちの機会を逃してしまうのは、とてももったいないことです。

運動会の1週間前から遠出を控える。

いよいよ運動会が近づいたら、遠出を控えていただけるよう、保護者に協力をお願いします。運動会の前日はとくに、友だちの家へあそびに行ったりせず、日常生活の流れを大切にして、当日は万全のコンディションで運動会に臨めるよう、配慮していただきましょう。

hint 14 運動会が終わっても、繰り返しミニ運動会を楽しもう。

運動会は、当日がゴールではありません。運動会が終わってからも、しばらくは、運動会に向けて高まった気持ちが抜け切らないもの。子どもの「やりたい」気持ちが続く間は、繰り返しミニ運動会を楽しみましょう。

こんなふうにしてみよう

自然とわき上がる意欲を「ミニ運動会」に乗せて。

当日、残念ながらお休みしてしまった子どもや、本番で力を出し切れず再チャレンジしたい子どものために、保育時間中に「ミニ運動会」を企画するのもよいでしょう。

ある園では、運動会のほぼ1か月後に「ミニ運動会」を開催しています。わずか1か月の間にも、子どもが著しく成長していることを実感できたそうです。

ほかの学年の競技にもどんどんチャレンジ。

リズム体操などは、ほかの学年の練習を見ているだけで覚えていたりします。とくに上の学年の種目は、憧れもあって「やりたい」気持ちが強いもの。あそびの中で、どんどんチャレンジさせましょう。

運動会を「あそぶ」ことで、来年度の運動会を楽しみに待つ気持ちが育ちます。

hint 15 運動会後、きちんと反省会をして、次の保育につなげよう。

運動会をより意義のあるものにするためには、きちんとした反省会をすることです。運動会終了後、できるだけ早いうちに保育者全員で集まる機会をもち、運動会の反省はもちろん、よかったこと、心に残ったことなども話し合いましょう。

こんなふうにしてみよう

保育者間で子どもの情報を共有。

反省会では、運動会でのできごとやそのときの子どものようす、それを通して発見できた子どもの新たな一面などを報告し合います。

クラス担任以外の目で見た子どもの姿は、翌日からの保育におおいに役立つはずです。

転んでしまった
○○ちゃんを、
△△くんが
手を引いて起こして
あげて……。

保護者への声かけで信頼感が増す。

子どもの情報を保育者全員が共有することで、保護者への声かけもスムーズになります。保護者にとって、クラス担任以外の保育者から声をかけられるのは、ことのほか嬉しいものです。

○○くん、
「運動会なんて嫌い！」って
言ってたのに、
本番では大活躍でしたね。
ありがとう
ございます。

次年度へ向けて記録を残す。

せっかく反省をしても、次年度に生かすシステムが整っていなければ意味がありません。子どものようすだけでなく、安全面での配慮、保育者どうしの連携、進行のあり方など、担当者を決めてきちんと記録に残し、次年度の参考にしましょう。

わたしの失敗談…

●あらら、うわばき脱げちゃった！

それまでの運動会は、登園時の靴で行っていたのですが、それだと靴の種類が千差万別。中には、くるぶしまであって動きにくいブーツタイプの靴で参加する子どももいたので、今年からは全員、うわばきで参加させることにしました。でも、かけっこの最中に、うわばきが脱げてしまった子がいたんです。事前に「万一、靴が脱げてしまってもそのまま走りなさい」と話していたので、その子どもはそのまま走りましたが、やっぱりショックだったみたい。「しっかりサイズの合ったうわばきを」と、保護者にちゃんと伝えておけばよかった??（保育歴17年）

●「ひよこ組」だけじゃ、外部の人にはわからない

「ひよこ組」や「つくし組」って、いったい何歳児クラスなの？　そう聞かれて、初めて気がつきました。保育者や保護者は当然のように知っていても、外部の人にはわかりませんよね。運動会には、未就園児や地域の方など外部の方にも参加していただくわけですから、プログラムにはきちんと「ひよこ組：3歳児クラス」などと書いておくべきでした。（保育歴13年）

●慣れない場所で、子どもが混乱！

園庭が狭いので、近所の小学校の校庭をお借りして運動会を開きました。練習のときと勝手が違うためか、リレーの際、先頭を走っていた子どもがコースを外れて違う方向に走って行ってしまったんです。一緒に走っていた子どもが「○○ちゃん！　こっちだよ！」と声をかけてくれたので、元のコースに戻ることができましたが、せっかく1位だったのに遅れてしまい、本人はとても残念そうでした。いつもと違う場所で本番をするときは、ゴールの位置やコースなどを子どもにわかりやすく伝えておくことが大切ですね。（保育歴17年）

第2章 子どもが輝く生活発表会

生活発表会は、
それまでの
集団作りの成果が
問われる場。
子どもが心から
楽しめるものに。
きれいなだけの劇は、
保育者の自己満足では？

子どもが本番でセリフをまちがえずに言ったり、りっぱに演じたりすることは、子ども自身ではなく、保育者や保護者の満足に過ぎないのでは？　一人ひとりが「自分が主役」という気持ちで心から楽しんで演じ、その子自身の成長につながったとき、本当の意味で「子どものための生活発表会」と言えるのではないでしょうか。

hint 16 生活発表会は共同作業。ふだんの保育での仲間作りが大事。

生活発表会は共同作業です。でも、練習を始めれば、いきなり子どもたちが協力し合えるわけではありません。

まずは楽しくあそび、自分の思いを自由に出せる「仲間作り」を、ふだんの保育からスタートさせましょう。

遠足は仲間作りのチャンス！

こんなふうにしてみよう

やりたいあそびをとことん楽しめる環境作りを。

「園っていろんなことができて楽しい！」と思えるように、あそびを充実させます。

例えば、3歳児なら、大好きな砂場に、あそびの場を確保。自由にあそび込むうちに、友だちどうしで協力してあそぶ姿が見られるようになります。

自由あそびは仲間を作る

何でも言い合える関係を作る。

けんかやトラブルが起きたとき、「どうしたかったの？」と問いかけ、子どもが自分の気持ちを言葉にして言ったり、相手の気持ちに気づけるようにすることが大切です。始めは保育者が代弁して相手の子どもに伝え、徐々に自分で言えるように関わりましょう。このようなことが、生活発表会を成功させる大事なポイントです。

●生活発表会を成功に導くポイント！

クラスを集団として意識できるようにする。

友だちと一緒にあそぶ喜びを土台にして、夏の水あそびや運動会では集団で体を動かす楽しさを、作品展では仲間との共同作業で大作を作り上げる達成感を味わうなど、日々の保育と節目の行事によって、子どもに少しずつクラスという集団の一員という意識が出てくるようにしましょう。

hint 17

絵本やふだんのあそび・生活から、劇の題材を探す。

時期が来たら練習し始めるのではなく、みんなが好きな絵本やお気に入りのあそび、生活の中のエピソードなどから生活発表会用の題材を見つけ、イメージを広げていって劇作りにつなげましょう。

これを生活発表会に使おう！

こんなふうにしてみよう

0～1歳児は、ふだん見ていることを動きで表現。

0～1歳児なら、ふだんの生活やお散歩で見たことを動きで表現してみます。

例えば、時計の針のチクタクという動きをしたり、飼っているウサギのしぐさをまねてみたりという経験を積み重ね、劇作りのときに音楽やリズムに合わせて動きます。

こんなふうに食べるよ。
こうやってはねるね。

質のよい絵本をたくさん準備し、読み聞かせを積み重ねる。

かぐやひめ
シンデレラ
三びきのこぶた
どれにしよう？

子どもたちがいつでも手にとって読めるように、各クラスの部屋に年齢に合った絵本をたくさん用意し、読み聞かせも充実させます。

絵本から劇あそびにつながるごっこあそびが広がっていくようなら、保育室にその絵本を何冊も用意し、貸し出しできるようにします。家庭でも楽しんでもらって、どんなお話を子どもたちが演じるかを保護者にも知ってもらい、参加意識をもってもらいましょう。

ぼく、それ、借りていきたいよ！

生活のエピソードをふくらませよう。

ふだんの生活のエピソードを大切にし、そこから劇作りのイメージを広げていきましょう。

例えば、クラスで飼っているウサギを見ながら「ウサギくんは何て思っているんだろうね」「何か言ってるよ。何だろう?」と子どもたちに問いかけ、子どもたちの楽しい発想をピックアップして、ストーリーを作っていきます。

おいしいって言ってるのかなー？
キャベツが好きって言ってるのかも。

hint 18 「この劇やりたい！」その気持ちを表現できることが大切。

子どもの思いは、それぞれ違っていて当たり前。みんなが同じ話を選ぶとは限りません。

なぜこの劇をやりたいか、みんなで話し合い、ひとつの話に絞っていきます。子どもが自分の気持ちを表現できることを大切にしましょう。

こんなふうにしてみよう

自分の考えや気持ちを言葉にして伝え合う。

子どもたちが「この劇をやりたい」と言ったとき、「なぜこの劇をやりたいの？」「このお話のどんなところが好き？」と問いかけます。子どもが自分の気持ちに気づき、それを言葉で表現して人に伝える経験を増やしましょう。

子どもどうし、ときには保育者も一緒にとことん話し合う。

保育者がそのクラスの発達段階や個性を考慮しながら選んだお話と、子どもたちがやりたいお話が違っていたら、保育者も自分の思いや考えを子どもたちに伝えます。

ときには保育者が譲ることがあってもいいのです。互いに意見をぶつけ合いながら作り上げていく過程を大切にしましょう。

hint 19 「自分だったらどういう気持ち?」の問いかけから、セリフをつむぐ。

保育者が決めたセリフをただ覚えさせるだけでは、子どもの気持ちは、なかなか劇に入っていけません。子どもの言いやすいもの、気持ちの込めやすいものなど、子どもたちと一緒に考え、納得しながらセリフを作っていくと、演技も生き生きとしたものになります。

おおきなか
おばあさん
まご
おじいさん
ぼくのおばあちゃんは、すぐに「疲れた～」って言うよ。
じゃあ、「疲れたー」って言うようにしようか。
あー、うちのおばあちゃんもー。

こんなふうにしてみよう

絵本を読み込んでいって、言葉を拾う。

絵本を題材にした劇をするなら、その絵本の読み聞かせを繰り返します。子どもたちが言葉や絵から、場面や状況、登場人物の気持ちを理解したら、「みんなだったらどういう気持ち？」「どういう言葉で伝えたい？」と問いかけます。それをまとまりのある言葉にしていくことで、少しずつセリフを作っていきましょう。

おじいさんと おばあさんは、 どんな気持ち だったのかな？
おじいさんも おばあさんも 「手が痛いよ」って、 思ってたんじゃない？
抜けたら、 カブのシチューを 作ろうと思ってたよ、 きっと！

子どもの言葉を書きとめ、セリフに汲み上げていく。

絵本や自分たちで作ったお話のごっこあそびを繰り返し、絵本の言葉を受けて子どもが話す言葉を書きとめます。その積み上げを整理してセリフにしていくと、共通のイメージを作りやすいでしょう。

お話の要となる、言ってほしいセリフがあるときは、もう一度絵本に戻り、大切なセリフであることを子どもたち自身が気づくようにします。

はやく抜けて〜
こんな大きい カブって あるの!?
よいしょ よいしょ
メモ

hint 20

劇あそびが始まるきっかけ作りを工夫しよう。

日ごろからさまざまなお話をごっこあそびに展開できるように、道具や場所の設定をていねいにし、友だちとのやり取りを楽しみながらできるようにしておきます。

クラスの設定あそびを利用しよう

こんなふうにしてみよう

保育者の劇を見て、イメージを広げる。

冬の始めに、保育者が演じる劇を見る機会をもちます。身近な保育者の劇を見ることで、「劇って楽しいな」「おもしろそうだからやってみたい」という気持ちを盛り上げ、劇ごっこあそびが活発になるきっかけを作ります。

大道具・小道具で、劇の世界に浸りきろう。

劇で使う大道具や小道具を、クラスの部屋やホールに置いて劇の舞台を設定し、ごっこあそびのきっかけ作りを。主人公になったり、別の役をしてみたり、毎日ごっこあそびを繰り返すことで、子どもたちの中に、その劇の世界が広がっていきます。

hint 21 物語の世界を実体験すると、演技にリアルさがプラス。

リアルな演技をするには、お話を理解するだけでなく、時代背景や登場人物の置かれた状況、その気持ちがわかることが大切。そのために、お話の世界を実体験する機会をもちましょう。

１～２歳児は実生活でやってみたいことをごっこあそびで体験します。

「おおきなカブ」の劇をやることが決まったら、体験する機会を作ろう

芋ほり
わっ
スポッ
大根やカブの畑を見学

こんなふうにしてみよう

絵本の世界を五感で感じられるようにする。

例えば、「てぶくろ」（エウゲーニー・M・ラチョフ／絵　内田莉莎子／訳　福音館書店刊）を演じるなら、「てぶくろはいつはめるの?」「冬」「冬はどんな季節?」「寒い」「手が冷たくなる」といったように、「てぶくろ→冬→寒い→冷たい……」と連想していき、共通のイメージを楽しみます。

実際に林の中などを歩いてみたり、あらかじめ保育者がてぶくろに見立てたテントを張っておいて、みんなで入ってみたりもしましょう。友だちの近さやぬくもりを感じることで、登場する動物たちの「トントン、入れてくださいな」という気持ちがわかります。

トントン
わたしも
入れて
ボクも

1〜2歳児はふだんの生活の疑似体験を楽しもう。

例えば、牛乳パックなどをつなぎ合わせて固定した一本道を作り、「一本道をてくてく歩こう！」と、保育者が誘導してみんなで歩きます。途中で折り紙で作った花を摘んだり、お店やさんで「くださいな」と言って“買い物”をしたりします。

1〜2歳児は役を演じるのではなく、日常のひとこまをナレーションでつなげ、ストーリーを作り、劇あそびにしていきます。

みんなで一本道を
歩いて、お買い物
に行きましょう。

hint 22 保育者は自分ひとりだけでがんばらない。

生活発表会の準備をすべて自分でやらなければと思ってしまうと、ちょっとしたつまずきや失敗で、気持ちが落ち込むことも。主任やほかのクラスの保育者と話し合うなどして、気持ちを解放し、子どもたちと一緒にのびのびと生活発表会を楽しみましょう。

ひとりで抱え込んで
自分を追い込まないこと
練習がうまく
進まないなー。
同僚や先輩のアドバイス
をもらおう！
○○くんが役を
嫌がって……。
○○くんの好きな
役って何かしら？
新しく役を作れば？

こんなふうにしてみよう

自分ひとりで問題を抱え込まない。

生活発表会は園全体の行事ですから、ほかの学年やクラスの保育者と、毎日のように子どものようすや準備の進み具合など、情報交換をします。

必要なことは園長や主任などベテランの保育者に入ってもらい、職員どうしで話し合ったり、問題に対処する機会をもちましょう。ほかの保育者の話は、自分と子どもとの関わりを客観的に見るきっかけになります。

前もって、役割分担をしておこう。

お話の世界を実体験するときは、ほかの保育者と前もって役割分担をしておきます。

例えば、担任の保育者が古い民家に子どもたちを連れて行くと、待っているのは、着物を着てほおかむりをし、子どもたちにおまんじゅうをくれるおばあさん（実は副園長）といった具合です。

hint 23

子どもたちが、「劇を作るのは自分たち」と思える援助を。

子どもたちが、行事としてやらされているのではなく、自分たちで作り上げていく生活発表会だと思える援助をすることが、子どもたちの成長の糧になります。

子どもたちの
提案は大歓迎!
先生ー! わたしたちで考えたんだけど……。
あらー、いい考え!

こんなふうにしてみよう

“劇団”として、グループごとに練習する。

1クラス30人なら、2〜3のグループに分けて場面を担当し、“劇団”としてみんなで名前を決めます。同じ劇団の仲間という意識をもって、お互いに認め合ったり友だちを助けたり、ときにはぶつかりながら劇を作っていくことで、一体感が育っていきます。

また、ほかの劇団の工夫している姿が刺激になるでしょう。

ぼくたち、
劇団『ニンジン』。
わたしたちは、
劇団『ダイコン』。

練習の見せ合いっこも刺激に。

ほかの“劇団”や違う学年がどう劇作りをしているか、練習を見せ合いっこするのも刺激になります。

ある程度劇ができてきたら、全部の劇団が集まって通し稽古をします。つなぎは保育者がナレーションを入れるなど、スムーズにお話がつながるように、工夫しましょう。

わー
オオカミさんが
ワラのおうちを
吹き飛ばして
しまいました。
次はどう
なるかな？

配役は保育者ではなく、みんなで決める。

配役は、一人ひとりが自分のやりたい役はどれか、なぜやりたいかを発表し、みんなで十分話し合いを重ねた上で決めます。そして、ひとつの役だけに人数が集中してしまわないようにします。

みんながなかなかやりたいと言わない役があるときは、「この役は、こんなところがおもしろいよ」とか、「○○ちゃんは上手だったね」などと話して、その役をやりたいと言う子が出てくるように、保育者が導きましょう。

始めはやりたくなかった役でも、みんなで話し合っているうちに「やってみよう」という気持ちになることもあります。そんな子どもたちの自発的な気持ちを、大切にしていきましょう。

うらしまたろう
おとひめさま
カメ
さかな
はーい
はーい
おとひめさまを
やりたい人は？

hint 24 「なりきって演じた！」と思えるテクニックをきちんと伝授。

子ども自身が満足できる演技ができるようになるためには、保育者がテクニックを教えていくことも必要です。訓練ではない楽しい練習の中でも、演じることを真剣に追求できる雰囲気を作っていきましょう。

動作は大きく！
○○くん、お客さんのほうに顔を向けて、セリフを言ってみよう！

こんなふうにしてみよう

保育者がやって見せてから、みんなで決める。

どれぐらい大きな声を出せば見ている人にちゃんと聞こえるかは、実際に子どもを観客席に座らせて、保育者が声を出してみます。また、顔の向きや立つ位置などは、みんなで話し合いながらも、ベストポジションを保育者が提示していきましょう。

ここまで聞こえるように
声を出してね！

互いに感想を言い合う時間をもとう。

「自分の演技はほかの人から見たときどう見えるのだろう」ということに気づくことも大切。

お互いにがんばっていることを認め合いながら、「もっといっぱい動いたほうがいいよ」「そのとき声を大きくしてみたら」など、互いに意見や感想を言い合えるように保育者が仲立ちをしましょう。

△△くん、
おじいさんの声、
すごく上手だね。
でも、声が大きいともっといいかも！

hint 25 劇作りから生活発表会までの時間を保護者も共有。

保護者は、生活発表会と言うとついわが子のでき栄えだけに目が行きがち。劇作りのきっかけや経過を伝えていくことで、子どもたちや保育者と体験を共有し、仲間全体の中でのわが子の成長を喜べるようになっていきます。

保育者は子どもたちのようすを楽しく伝え、保護者を盛り上げよう！
ウサギ組は、どの子もとってもがんばってますよ！
わたしたちもがんばりましょう。
楽しみね。

こんなふうにしてみよう

生活発表会の目的と取り組み方を、始めに伝える。

保護者会などで、「一人ひとりの子どもの成長を喜ぶための生活発表会」という生活発表会の目的をていねいに伝え、園としての取り組み方をできるだけ具体的に説明します。

保護者には、生活発表会当日に見に来るだけではなく、子どもたちの気持ちを盛り上げていく役割があることを伝え、理解と協力を求めましょう。

保護者には劇作りの過程を、すべて伝えよう。

週１回のおたよりで、演目、役決め、ごっこあそびのようす、練習風景など、劇作りの過程をこまめに報告します。子どもたちが劇作りに取り組む姿や、子どもの言葉、行動など、できるだけくわしく具体的に伝えましょう。

けんかや失敗、話し合いのようすなど、その一つひとつの体験が子どもの成長につながっていることを伝えます。

クラスだよりでは、一人ひとりの子どもの名前を出してようすを伝えよう！

hint 2b 失敗しても大丈夫な環境があれば、失敗は怖くない。

　まちがえずに演じることではなく、子どもが「演じることは楽しい！」と思える練習を積み重ねていくことが大切。また、安心して失敗できる環境作り（クラス作り）を日ごろの保育で心がけましょう。

こんなふうにしてみよう

練習の中で、たくさん失敗を体験する。

セリフが出てこなかったら言えるまで待ったり、失敗してしまったら「こうするといいよ」と教え合ったりする関係は、日ごろの保育の積み重ねでできていくものです。ふだんからお互いに認め合い、いつもそれを言葉にして相手に伝えるようにしていると、子どもたちも「○○ちゃん、がんばってたね」と言えるようになります。

今日は、みんなの表情がとてもよかったです。
明日は、セリフがもっと上手に言えるといいね。

できたことをみんなで喜ぶ関係作り。

みんなの前に立つと恥ずかしくなってしまう子、ついはしゃいでしまう子など、その子がどういう子かを互いに知っていく関係作りをしましょう。そうすると、「できることがあたりまえ」ではなく、その子にとってどうかを考え、ちょっとした変化でも喜び合うことができます。

えーと えーと…
○○ちゃん ゆっくり 言えば いいんだよ

みんなの前に 出られるように なって……。 ○○ちゃん、 すごいわ。
以前

hint 27 子どもがのびのび演じられる環境設定も、成功の秘訣。

幼児にとって、人前で演じるのは緊張するもの。ふだんはできても、大勢の前ではできなくなってしまうこともあります。できるだけ、子どもがリラックスして本領を発揮でき、生活発表会を心から楽しめる環境を設定しましょう。

いつもの保育の中に、
みんなの前に出て
何かすることを
取り入れていこう！
次はわたしたちが歌うね！
パチパチ
パチパチ
パチパチ
パチパチ
パチパチ

こんなふうにしてみよう

クラスごとの生活発表会を基本にする。

できれば、生活発表会はクラスごとにしましょう。日ごろのおたよりや保育者からの話で、それまでの子どもたちの成長や劇作りの過程をよく知っているクラスの保護者に、じっくりと見てもらいます。とくに年齢の小さな子は、見慣れた友だちの保護者の前で演じれば、不安にならず、いつもの姿を見せることができます。

やっとセリフが
言えるように
なりました！
どうぞ、
見てください！！
よいしょ
よいしょ

年齢に合った発表形式を取る。

年長児は、見る側を意識して「楽しませよう」「わかってもらおう」と思いながら演技をすることができるので、ホールの舞台を使う、年中児は観客と同じ高さのフロアで、年少児以下は自分たちの教室で、というように、年齢を配慮した形で行います。

それぞれの発達段階に合わせた発表の方法を選ぶことによって、子どもたちがのびのびと演じることができるのです。

年齢の小さいクラスは、保育室が舞台です。

hint 28 子ども・保育者・保護者が一体になる生活発表会に。

単なる形式だけの生活発表会ではなく、子どもにとって意味のあるものにするために、子ども・保育者・保護者、あるいは保護者どうしが一体となって、子どもが飛躍的に成長できる生活発表会にしていきます。

こんなふうにしてみよう

観客も一緒になって生活発表会を盛り上げよう。

おもしろい場面では笑い、悲しい場面ではほろりとするなどの観客の反応は、子どもたちを元気づけ、観客との一体感も生まれます。

保護者に前もって見る側としての役割を伝え、一緒に発表会を盛り上げるようにしていきましょう。

保護者の反応に、子どもたちは元気が出ます。
元気モリモリ

ビデオ撮影などは制限し、自分の目で見てもらう。

わが子の晴れ姿を、写真やビデオで記録に残したいという思いは、保護者の誰もがもつでしょう。でも、撮影に気をとられていると、全体を見ることができませんし、劇を見ながら共感することも難しくなります。

撮影は専門の人に依頼していること、自分の目でしっかり劇を鑑賞してほしいことなどを、前もっておたよりなどで知らせておくとよいでしょう。

プロのカメラマン
どうぞ、レンズではなく、ご自分の目で子どもたちを見てください。

保護者どうしが、お互いの子どもの成長を認め合う。

「うちの子だけが大事」と考えていると、セリフの多さや目立ち方が気になり、ほかの子と比べることになってしまいます。

わが子だけでなく、クラス全体の成長した姿を見てもらえるように、ふだんから保護者どうしが関わり、認め合うような関係作りが大切。関係作りが難しいときは、園長や主任などに入ってもらうとよいでしょう。

みんなの成長を楽しんで見てくださいね。
うちの子のバラ組さんは、みんな大きい声で歌ってたわ！
5月ごろに比べて、自信がついて、堂々としてましたよね。

hint 29 時間をかけて作り上げる生活発表会。だから余韻あそびも楽しめる。

行事としての意味合いだけが強いと、生活発表会は本番が終わればそれっきりになりがちです。でも、子どもたちの興味や関心をきっかけに、長い時間をかけてみんなで作り上げた生活発表会は、余韻あそびも盛り上がります。

こんなふうにしてみよう

ほかのクラスの劇をやってみよう。

子どもたちはほかのクラスがやった劇にも興味津々。ほかのクラスと部屋を交換し、まだ置いてある大道具を使って劇あそびを楽しみましょう。

子どもたちは日ごろお互いの練習をよく見ているので、生活発表会当日には見ていなくても、セリフをみんな覚えています。言ってみたかったセリフ、やってみたかったしぐさなどをまねたごっこあそびが盛り上がります。

生活発表会の絵をかこう。

生活発表会のあと、大道具をまだ部屋に置いて余韻あそびを楽しんでいる間に、自分たちが演じた劇やほかのクラスの劇などを、絵にかく時間をもちましょう。

どんなことに関心をもっていたか、何に集中していたかを、子どもたちの絵から読み取ることもできます。

hint 30 生活発表会は、1年間の活動の集大成。

生活発表会という“行事”のための生活発表会ではなく、子どもの成長を感じられる生活発表会にしたいものです。そのためには、保育者自身が「生活発表会は1年間の集団作りの成果が問われる場」という意識をもつことが必要です。

こんなふうにしてみよう

仲間作りを大切にしていこう。

年度の始めに、子どもたちが1年間でどのような体験を積み重ねることが大切か、どのような仲間作りをすればよいか、などについて、年間を通したビジョンをえがきます。生活発表会の取り組みは、その集団の総合的な姿が出る場ととらえて、常にビジョンを振り返りながら集団作りをしていきましょう。

思いやりのある
クラスにしたいわ！

集団としての気持ちの高まりを大切にする。

1年間をどう考えて、計画していくかが大事です。絵本の読み聞かせ、ごっこあそびから劇あそびへと移行してきたあそびを、劇作りに集約する総合的な活動を、3学期の保育として位置づけます。

そして、その活動の盛り上がりの集約の場として生活発表会を行うという方向性をいつも確認しながら、計画を立てていきましょう。

ごっこあそび
舞台

わたしの失敗談…

●おうちの人を見つけてみんなバラバラ

どうしてもわが子の“晴れ姿”をビデオに撮りたいお母さん。1～2歳児は初めての生活発表会だから、つい前に出て撮影してしまう気持ちはわかるんです。でも、1～2歳児だからこそがまんしてほしかった。お母さんの顔を近くで見つけたら、子どもは生活発表会なんてそっちのけで突進していきました。1人が違うことをやるともう収拾がつきません。まあ、半分保育参観のようなものなので、みなさんほほえましく見守ってくださったのでよかったのですが。（保育歴3年）

●役にふさわしい衣装を選ぶのも大切

園には生活発表会用に、さまざまな衣装や小道具が置いてあります。今年は昔話を演目に選んだので、着物を倉庫から出しました。女の子にはかわいい衣装がいいだろうと、赤いきれいな着物を用意したら、主任から「お百姓さんはそんな赤い着物を着て畑仕事をしませんよ」と注意されてしまいました。時代考証や役にふさわしい衣装を選ぶことも大切なんですね。紺色の絣の着物とくわを用意したら、子どもたちは喜んで畑を耕すまねをしていました。

（保育歴2年）

●先輩保育者の機転に関心

劇で背中につけるクジャクの羽を、子どもたちが一生懸命作りました。生活発表会当日、ある男の子が、羽の支柱が折れてだらんとたれているのを気にして、劇に集中できません。そうしたら、先輩保育者が、すばやく割りばしとガムテープをもってきて、パパッと修理。その早わざにも驚きましたが、子どもが落ち込みかけているのに気づいて対処する機転にも関心しました。全体に目配りしているからできることですね。（保育歴1年）

第3章 子どもの力を伸ばす作品展

作品展は、
1年間の集大成。
作品作りのヒントは、
ふだんの保育の中にある。
作品を作る過程を
大事にしたい。

作品展は、子どもたちがどんな園生活を送り、どのような過程を経て、作品を製作してきたのかを保護者に見ていただき、子どもの成長を理解していただく行事。観察力や集中力、さらには、共同作業を通して友だちとのコミュニケーション力が育ちます。

hint 31 日ごろの保育から、行事の「ねらい」をしっかりともって。

日々の保育から行事が生まれます。そのためには、保育者の中にしっかりと「ねらい」があることが必要です。その「ねらい」も、とってつけたものでは意味がありません。

子どもの視点に立ち、子どもの気持ちをよく理解し、ちょっと上の目標を立てていくこと。それによって経験が広がり、子どもたちが成長していきます。

ちょっと上の目標を！

平面は
OKね。
立体物に挑戦してみようか……。

こんなふうにしてみよう

子どもの行動を理解しよう。

「困ったな」と思う行動も、子どもにとっては意味のあることが多いもの。とくに行事は学年全体、園全体で活動するので、保育者間の子どもに対する共通理解がないと進まない部分があります。

共通理解をもつためには、学年や園全体の保育者のミーティングが大切。わからないことは、どんどん話し合い、子どもへの理解を深めましょう。

○○ちゃんは
少し落ち着きが
ありません。
○○ちゃん、
きのう△△くんと
けんかして
ました。
お母さんどうしはどうですか？
仲が
いいです。

先輩たちの話にヒントを見つけよう。

職員会議や学年の会議、ちょっとした保育者どうしでの話し合いに、保育のヒントが隠されているかもしれません。自分の意見を言うことがなかなかできなくても、園長先生やほかの先生の話し合いを聞く中から、「保育にとって大切なこと」「何のために行事をするのか」「行事から何が育つのか」をつかみ取りましょう。

――こんなふうに思います。
主任
園長
なるほど
……。

hint 32 1年間の子どもの成長。その集大成が作品展。

運動会・生活発表会・作品展。一つひとつの行事を単独で終わらせるのではなく、子どもたちが成長していく姿のビジョンをえがき、それを意識して取り組むことで、ふだんの生活が細切れにならず、大きな流れとなって続いていきます。

運動会
発表会
作品展
行事ごとに
大きく
成長する

こんなふうにしてみよう

クラスの発達段階を考慮して活動を考えよう。

集団としての成長を見守って、その時期に合った活動をしていくと、集団活動が活発になっていきます。年齢差もあるので、クラスのようすをよく理解し、個々の活動を中心にする時期と、集団活動を入れていく時期を見極めます。

大きな集団の
活動は、
もう少し先かな。

クラスの特徴をつかんで、行事を考えていく。

活発な子が多いのか、おとなしいクラスなのか、リーダー的な存在の子どもはいるのかなど、クラスのようすをよくつかんで、子どもたちが生き生きと活動できるようにしましょう。

外あそびが好きな子の多いクラスは、毎日園庭に出て、砂あそび、泥あそびが続き、暑くなるころには、それが水あそびへと発展していきます。そこで、遠足は水にちなんで水族館へ。そして、例えば水族館でイルカのショーを見たことで、イルカのようにぴょんぴょんジャンプするのが流行したら、その動きを発展させて運動会の競技に。さらに、水の中の生き物への興味が持続しているようなら、作品展でも水の好きな生き物作り……。

!
大好きなイルカを
作品展に
生かせない
かしら……。

このように、子どもたちが夢中になっているものから行事を考えていくと、1年間が大きな流れとなってつながっていきます。

イルカ
ジャンプ!
そう
そう
キィキィ!
と

hint 33 日々の保育を作品展に生かす。

行事は、ふだんの保育の合間にある生活のアクセント。行事のためだけにがんばるのではなく、ふだんの保育で子どもたちが積み上げてきたものや、成長した姿を見ていただきましょう。子どもの成長を保護者とともに喜び合うことが行事本来の目的です。

こんなふうにしてみよう

まず、いろいろな素材に触れることから始めよう。

土や水、木、葉っぱ、花、石などの自然物や、園で飼っているウサギなど身近な動物。さまざまな質感を体で感じることが、作品作りに取り組む前の大事な時間です。

たくさんのものに触れることで感性が養われます。素材の質感を知ることで、作品を作るときのイメージが広がります。

また、外でたくさん自由にあそぶことも、五感を育て、発想を豊かにする大切な経験です。とくに、1～2歳児は、手先をたくさん使うことが、後々の造形活動に生きてきます。

どんな感じがする？
中は、あったかい！

少人数のグループであそび込もう。

どろんこあそびで、大きな山を作ったり、水路を掘ったりつなげたり、積み木をみんなで積み上げて、ごっこあそびに発展させたり……。１人ではできないあそびに挑戦させてみましょう。仲間どうしで相談し合い、アイディアを出してあそびを作り上げていく経験をすることが、共同製作に役立ちます。

大きな集団での活動で、達成感を味わおう。

少人数グループのいろいろなあそびで「みんなでやることは楽しい」をたくさん経験したら、次のステップを考えます。

クラス全員を巻き込んでのルールのあるあそび、運動会など学年、園全体といった大きな集団活動を取り入れましょう。そこに関わる楽しさが、みんなでひとつのことを成し遂げる達成感につながり、クラスの共同作品作りに生きてきます。

hint 34 テーマ探しは、子どもの興味・関心の中から。

今、子どもたちの関心はどこにあるの？　盛り上がっているあそびは？　大好きなものは？　目の前にいる子どもの姿から、作品展のテーマを考えていきましょう。子どもが興味・関心のあることに一緒に取り組んで、テーマを熟成させていきます。

こんなポーズ、かいてみよう！
こんなかな
次は粘土で……。

こんなふうにしてみよう

子どもの興味・関心をキャッチする。

子どもの視点に立って、興味・関心に寄り添いましょう。

例えば、子どもたちが毎日ダンゴムシ探しをしていたら、保育者もそのあそびに参加してみて。子どもがどういうことに興味をもち、夢中になっているのかがわかってきます。

いたよ！ダンゴムシ
かわいいね
先生にも見せてくれる？

子どもの興味を発展させる。

同じあそびを繰り返しているようでも、子どもの興味は少しずつ変化しています。ときには、保育者がちょっとした提案をすることで、あそびが発展し、興味の幅が広がっていきます。

例えば、ダンゴムシ集めにだんだん慣れてきた子どもたちに、「ねえ、ダンゴムシって、どこにいっぱいいるの？　捕まえるときは、丸くなってるね。顔はどこにあるのかなあ……」などと、問いかけて。保育者の言葉に、子どもたちからも不思議に思っていたことが出てくるかもしれません。その疑問を、みんなで調べる活動につなげていきましょう。

経験を共有して、作品展につながる活動に。

友だちの疑問をみんなで解決することで、1人の経験がみんなの経験となり、クラス全体の共感を呼びます。

例えば、図鑑などダンゴムシに関する本を見てみます。その中で解決すること、発見することがあり、さらには虫全体に興味が広がることも。

こうした活動の積み重ねから、「ダンゴムシの顔をかいてみるよ」「みんなでやってみようか」など、作品展につながる活動が生まれます。

hint 35

作りたくなるような きっかけを逃さない。

「作りたい！」という気持ちは、小さなきっかけから生まれるもの。絵本を見たり、歌をうたったり、外でいっぱいあそんだり……。生活のすべてが、製作につながる可能性をもっています。

見て聞いてさわって、感じるところから、製作活動は始まっています。

こんなふうにしてみよう

子どもが自分から作りたいと思ったときが、活動に入るチャンス。

例えば、「やまんば」の出てくる絵本を読んで興味をもった子どもたちは、やまんばの追いかけっこを始めます。「やまんば」に興味をもっても、それがすぐに製作に結びつくとはかぎりません。保育者は先を急がずに、まずは子どもと一緒になって、追いかけっこを楽しんで。

ころあいを見て、「やまんば、疲れちゃったね。休むところはないかなあ。どこかに隠れていたいなあ。隠れ家を作ろうか」などと提案し、製作活動へ発展させましょう。

ハアハア
疲れたー。
フウ
フウ
!
ハア
ハア
どこかに
休むところを
作らない？

きっかけを作ろう。

製作コーナーを整えよう。

子どもが「作りたい」と思ったときに、すぐに製作に取りかかれるスペースを作っておきましょう。空き箱や紙類、のり、セロハンテープなど、製作に必要なものをひとつのコーナーにまとめておくと、すぐに製作が始められます。

1～2歳児が用具を使うときは、保育者が見守りましょう。

自分の作品を見てもらうのも大事な経験。

作ったものは「見てほしい」のが子どもたち。作品展にこだわらず、いつでも展示できるスペースを確保しましょう。作品を飾って見てもらう喜び、ほめてもらう誇らしさ、友だちの作品を見て「自分もやってみよう」と挑戦する気持ちをもつのも大切な経験です。

hint 36 やりたくなるような導入を大事に。

1歳半〜3歳児は、画用紙を配って、ただ「絵をかきましょう」と言うよりも、クレヨンや画用紙を動かして、シアター仕立てで演じてみましょう。「何だろう。おもしろそう。ぼくもやりたいな」という気持ちが盛り上がります。

丸さん、
三角さん、
こんにちは！
形のデザインあそび

こんなふうにしてみよう

「画用紙くんもかいてもらいたがっているよ」と伝えて。

　画用紙を出して、「わたし、画用紙っていうの。真っ白でさびしい……。みんなは昨日、どこへ行ってきたの？　遠足？　へえ、いいなあ。私も行きたかったな。どんなところだったの？　そこには何があったのかな？」など、遠足のことを思い出すように話してみましょう。

「じゃあ、わたしのこの白いところに、昨日のこと、かいてくれる？　嬉しいな。あとでまた、何をかいたか、教えてね」などと、子どもたちとの会話を進めていくと、子どもたちも乗り気になって、スムーズに製作活動が始められます。

道具の使い方もシアター仕立てで話そう。

　筆をもって、「こんにちは。ぼく筆っていうんだよ。知ってた？　ぼくは、絵の具くんと仲よし。ぼくに絵の具くんをつけて、大きな紙にたくさんかいてみて」などと、楽しく話しましょう。

　製作の途中のアドバイスも、「違う色にするときは、筆も取り替えてね」「画用紙さんも喜んでるよ」などと伝えていくと、子どもたちもノリノリで作品を仕上げていきます。

hint 37 子どものつぶやきは心の言葉。子どもからの発信を的確にキャッチ。

製作をしている子どもたちが、どこを見てほしいのか、どうしてそういうふうに作っているのか、しっかりつかんでいることが大切。そのためには、子どもと同じ視線で、気持ちを共有することが大切です。

こんなふうにしてみよう

一緒に製作することで、細かい部分が見えてくる。

子どもの世界に飛び込んでみましょう。共同製作をしているグループに入り、「ここ、くっつけてもいい？」「ここ、何色にする？」と、グループの一員として活動してみます。

子どもたちがどの部分をいちばん大切にしているのか、色にこだわっているのか、形にこだわっているのかなど、細かい部分が見えてきます。

先生、ここ塗ってもいい？
いいよ。
そこ、青ね。

製作をしている子どもと、常に対話しよう。

「先生見て見て！」と製作中のものを見せに来てくれる子のことはよくわかりますが、黙々と製作する子、ささっと作ってすぐ終わりにする子の考えがよくわからない……。

そういうときは、「ねえねえ、このクマさん、どうして寝てるのかな？」「どうしてここを青くしたのか、教えてくれる？」などと、子どもたちにインタビューをしましょう。そして、作品展のとき、保護者に子どもたちの意図を伝えられるように、子どもの答えはきちんと記録しておきます。

子どもの動作も記録しておこう。

1～2歳児は、会話が成り立たなかったり、つぶやきもなかなか出てこない時期です。そんなときは、子どもの表情、手の動き、何度も繰り返したことなどを記録しておき、保護者に伝えましょう。

hint 38

大人が手を入れすぎないようにしよう。

行事の主役は、常に子どもたち。見栄えを気にして大人が手を入れすぎることのないようにしましょう。作品の仕上げや飾り付け、展示の方法なども、子どもと相談しながら進めます。

さくひんてん

こんなふうにしてみよう

作品の背景は、子どもたちと一緒に考える。

車を製作したのなら、その車はどこを走るのか、どんな人が運転するのか、どこにいて、周りはどんな状況なのか、子どもの話から引き出したり、図鑑・ビデオを見てイメージを膨らませましょう。

どんなところに飾りたい？
えっと、お空！
やっぱり道路！

展示の仕方を、子どもと相談しよう。

貼る、置く、ぶら下げる、天井にくっつける、入り口に置く、そして、鑑賞の順路は……。「この作品は、飛んでいる姿だから、天井に吊してほしい」など、子どもにも子どもの思いがあるはず。相談しながら、ひとつずつ展示していきます。

1～2歳児は、保育者主体の展示になりますが、「○○ちゃんの鳥さんはここに飛んでるよ」と、飾ったところを子どもたちに伝えておきましょう。

時間に余裕をもって取り組もう。

製作や展示を子どもと相談しながら行うのは、思った以上に時間のかかることが多いもの。時間が足りなくて、保育者が大急ぎで仕上げてしまうことのないように、計画を立て、時間に余裕をもって取り組みましょう。

hint 39 「子どもの姿が見える展示」を心がけよう。

造形は結果がすべてではありません。製作過程で子どもたちはどんな取り組みをしてきたのか、どんな姿で製作していたのかが、見る人に伝わる工夫をしましょう。

作品のメッセージカードをつける。
コメント
4さい
製作過程を写真で紹介。
できあがるまで
みて みて
こんなふうに相談しました。

こんなふうにしてみよう

展示室の設計図をかこう。

4～5歳児なら、でき上がりをイメージして、みんなで見取り図をかいてみましょう。設計図どおりに進行したのか、途中で変更になったのか……。その過程も記録して、一緒に展示しておくと、子どもたちのイメージが、見に来てくれた人によりはっきりと伝わります。

製作過程などの写真を、作品とともに展示。

ふだんの何げない保育のときから、写真を撮る習慣をつけましょう。夢中になっている背中、話し合いをしている顔、ハサミや絵の具を使っているときの姿勢……。カメラ目線のポーズを取った写真ではない、子どもの「活動する姿」をたくさん残しておきます。

製作のきっかけになったこと、夢中になっていたあそびのようす、作っている表情、友だちとの交流など、製作過程の空気が少しでも保護者に伝わるように、写真にコメントをつけて、作品とともに展示します。

hint 40 どこをどう見てほしいのか、アピールすることも大切。

保護者は、自分の子どもの作品だけを見て、全体を見ていないことが多いもの。また、「上手、下手」という既成の価値観に縛られた見方をして、「下手ね」などと、子どもの心を傷つけるようなことを言ってしまうことも。

「なぜ作品展をするのか」というところから、保護者の方へしっかりと伝えましょう。

こんなふうにしてみよう

日ごろから、保護者に保育のようすを伝える習慣を。

送り迎えの時間を使ったり、連絡ノートなどを通して、今日のできごと、子どもたちの活動のようす、夢中になっていることなどを伝えましょう。

ふだんの保育を伝えることで、「きれい」がいいのではなく、子どもが生き生きしていることが大事なこと、どういうところに子どもの成長があるかなど、保護者にも自然に、子どもを見るときのポイントが浸透するようにしましょう。

生き生きとしてとても楽しそうでした！
そうですか。
よかった

作品展に向けてのクラス全体の取り組み・見どころは、保護者会でしっかり伝える。

作品展のテーマを決めるにいたった経緯、テーマに対するクラスの盛り上がり方、どんなようすで製作を進めているのかなど、子どものようすがわかるように話します。また、作品展当日は、どんなところを見てほしいのか、どこに力を入れたのか、わかるようにしておきましょう。

いい作品を作るために、みんなよく観察しています！
保護者会にて
フム
フム
見どころは……。

プログラムで、もう一度観点をおさらい。

作品展のプログラムや招待状には、子どもたちそれぞれの「いちばん見てほしいところ」を書いておきます。

子どもたちが力を入れた部分はとくにしっかりと見ていただき、あとから感想をもらいましょう。子どもたちもどんな感想をもってもらえるのか、楽しみにしているはずです。

バラ組
作品：だいすきな
どうぶつえん
見どころ
好きな動物だけを集め
た動物園です。動物た
ちの色もみんなで相談
して塗りました。中に
は、想像した…

楽しみだな。
うちの子のクラスは……。
パンフ
作品展

付録CD ヒップホップふうにアレンジ「おにのパンツ」振り付け

●年中〜年長児向け

❶〔前奏〕1〜４拍……❷５〜６拍……❸おにの……❹パン……

❶ 手を腰に当て、ひざを軽く曲げる。２回繰り返す。

❷ 頭の上で拍手を２回する。

❸ 右足を横に出して腰を落とし、腕はひじを曲げて左右に開く。

❹ 右手を上に、左手は腰に当てる。

❺ツは……❻いいパンツ……❼〔休符〕つ……❽よい……❾ぞ……

❺ 左足を上に、右手は腰に当てる。

❻ 左右の手足を逆にして、❸〜❺を繰り返す。

❼ 足踏みをしながら、両手を右に振る。

❽ 足踏みをしながら、両手を左に振る。

❾ 足踏みをしながら、手を胸の前でぐるんと回して右に持ってくる。

❿〔休符〕つよいぞ……⓫トラのけがわでできている つよいぞ つよいぞ

❿ 手を左右逆にして、❼〜❾を繰り返す。

⓫ ❸〜❿を繰り返す。

⓬ごね……⓭ーん……⓮はい……

⓬ 右手を上に上げ、左手は腰に当てる。右足は前に半歩出す。

⓭ 左手も上に上げ、左足を半歩前に出す。

⓮ 左手はそのまま、右手を胸に当てて、右足を戻す。

⓯ても……⓰やぶれないー……⓱つよいぞ つよいぞ……

⓯ 左手も胸に当て、左足を戻す。

⓰ ⓬〜⓯の動きを繰り返す。

⓱ ❼〜❿を繰り返す。

⓲じゅうねん はいても やぶれない……⓳つよいぞ つよいぞ

⓲ ⓬〜⓯を２回繰り返す。

⓳ ❼〜❿を繰り返す。

運動会、生活発表会のときの出し物にピッタリ！　ヒップホップふうにアレンジした「おにのパンツ」です。大人から子どもまで、みんなで元気に踊りましょう。 ●振り付け長谷川紀子（楽譜はP.92）

⑳ はこう
手は右側でガッツポーズ、右足を横に出す。

㉑ はこう
手は左側でガッツポーズ、左足を横に出す。

㉒ おにの
右手を上に上げ、左手は腰に当てる。左足は前にけり出し、半歩前に。

㉓ パン
体を半回転させ、おしりを両手でたたく。

㉔ ツ
左手を腰に当て、右手でVサイン。

㉕ はこう　はこう
⑳、㉑を繰り返す。

㉖ おにの　パンツ
㉒～㉔を繰り返す。

㉗ おじいちゃんも　おばあちゃんも
左手を腰に当て、右手で左から右へ、指を差していく。

㉘ あなた
1回拍手。

㉙ もわたしもー
右手を腰に当て、左手で右から左へ、指を差していき、最後の4拍めで拍手１回。

㉚ みんなで
両手で大きく、上から下に弧をえがく。

㉛ はこう
ガッツポーズ。

㉜ おにのパンツ
㉒～㉔を繰り返す。

㉝ はこう～おにの パンツ
⑳～㉔を2回繰り返す。

㉞ おじいちゃんも～おにのパンツ
㉗～㉜を繰り返す。

㉟ みんなではこう
㉚～㉛を繰り返す。

㊱ おにの　パン
右手を下から弧を描くように、右斜め上にあげる。

㊲ ツー
4拍右手を左右に振ってから、ひざを曲げて小さくなり、最後に好きなポーズ。

付録CD

ヒップホップふうにアレンジ「おにのパンツ」

作詞／不明　作曲／L .DENZA
編曲／高木茂治

おにのパンツは いいパンツ つよいぞ
つよいぞ トラのけがわで できている
つよいぞ つよいぞ ごねんはい
てもやぶれない つよいぞ つよいぞ じゅう
ねんはい てもやぶれない つよいぞ つよいぞ
はこう はこう おにのパンツ はこう はこう お
にのパンツ おじぃちゃんも おばぁちゃんも あなたも わたしも
みんなでは こうお にのパンツ はこう はこう お
にのパンツ はこう はこう お にのパンツ おじぃちゃん
も おばぁちゃんも あなたも わたしも みんなでは こうお
にのパンツ みんなではこうお にのパンツ

POINT

- 体操のような踊り方にならないために、まずは保育者が振り付けをイメージしながら音楽を何度も聴き、ヒップホップのリズムを体で覚えましょう。
- 「みんなで　はこう　おにのパンツ」でパンツの「ツー」と「2」を重ねたブイサインが決めポーズ。通しでダンスをする前に、ここだけ何回か歌いながらやってみます。

編著者紹介

●グループこんぺいと

保育現場を持ちながら企画編集する会社。
東京都世田谷区に子どものスペース「台所のある幼児教室」を持つ。
http:/www.compeito.jp

協力してくださった先輩とそのアドバイス

●の～びる保育園（埼玉県）

笑い合って、手をつなぎ、抱き合って、子どもと過ごす時間を楽しみましょう。新しい出会いが子どもたちは大好きです。

●八王子武蔵野幼稚園（東京都）

発表会というと、どうしても見栄えや保護者からの評価を気にしてしまいがちですが、子どもにとって何が大事かを考えると自ずとやるべきことが見えてきます。

●北村治子（深沢幼稚園・神奈川県）

行事を作り上げる過程を、子どもたちと一緒に楽しんでほしいですね。

●矢島幸子（元　安部幼稚園・神奈川県）

行事というのは子どもの生活の中から生まれ、保育者が子どもと一緒になって作り上げていくものだと思っています。子どもの姿をよく見てくださいね。

イラスト：セキ・ウサコ　熊田まり　ひろいまきこ　山口まく
デザイン：はせちゃこ
協　　力：スーパー・エキセントリック・シアター
鈴木真由美　小杉眞紀
松下春枝・斉藤明美（グループこんぺいと）

先輩《せんぱい》が教《おし》える保育《ほいく》のヒント〈運動会《うんどうかい》・生活発表会《せいかつはっぴょうかい》・作品展《さくひんてん》〉40

2007年8月5日　初版発行

編著者　グループこんぺいと
発行者　武馬久仁裕
印　刷　株式会社　太洋社
製　本　株式会社　太洋社

発行所　株式会社　黎《れい》明《めい》書《しょ》房《ぼう》

〒460-0002　名古屋市中区丸の内3-6-27　EBSビル
☎052-962-3045　FAX052-951-9065　振替・00880-1-59001
〒101-0051　東京連絡所・千代田区神田神保町1-32-2
南部ビル302号　☎03-3268-3470

落丁本・乱丁本はお取替いたします。　ISBN978-4-654-00221-4